collection avec 200 mots

je suis en vacances

illustrations de
Michel Charrier

avec 200 mots

07939

Maquette couverture et intérieur : Jehanne-Marie Husson

© Bordas, Paris, 1987 pour le texte et les illustrations
ISBN 2-04-016827-3
Dépôt légal : mai 1987

Achevé d'imprimer en avril 1987 par :
Imprimerie H. PROOST, Turnhout, Belgique

je suis en vacances

Personne ne se couche tôt le premier soir des vacances.

album	échiquier	pendule
armoire	grand-mère	petits chevaux
bibliothèque	grand-père	pliage
casse-tête	grands-parents	pois
chemise de nuit	herbier	puzzle
cocotte	jeu de l'oie	tableau
domino	papier peint	tapis

Retrouve les mots dans l'image
mais attention
il y en a un qui n'est pas dessiné.

(tapis)

Le lendemain matin, nous allons voir les animaux de la ferme.

blé	coq	plongeon
brouette	crête	poule
bûche	dindon	poussin
canard	épouvantail	râteau
champ	ferme	sabot
chèvre	mare	tracteur
cochon	paille	train

Retrouve les mots dans l'image
mais attention
il y en a un qui n'est pas dessiné.

(train)

Je reçois une photo de Sophie, en vacances au bord de l'océan.

algue	drapeau	phare
bouée	dune	plage
cabine	maillot	rocher
canot	mouette	sable
cerf-volant	océan	serviette
coquillage	oursin	vague
crabe	palmes	village

Retrouve les mots dans l'image
mais attention
il y en a un qui n'est pas dessiné.

(serviette)

et de mon cousin Jacques
qui est dans les Alpes...

aigle

alpiniste

balcon

berger

brebis

cascade

chalet

chasse-neige

clocher

corne

jumelles

luge

montagne

mouton

neige

nuage

ski

sommet

téléphérique

torrent

vallée

Retrouve les mots dans l'image
mais attention
il y en a un qui n'est pas dessiné.

(nuage)

…où il fait de grandes promenades en forêt.

biche

boussole

bûcheron

cabane

caméra

cheminée

corbeau

écureuil

forêt

grenouille

guêpe

hache

herbe

libellule

mûre

myrtilles

nid

noisetier

noisette

racine

tronc

Retrouve les mots dans l'image
mais attention
il y en a un qui n'est pas dessiné.

(cheminée)

Grand-mère nous a préparé un pique-nique pour le déjeuner.

arc-en-ciel	chenille	marguerite
bain	cygne	pêcheur
barque	épuisette	pique-nique
barrage	fontaine	poupée
canne à pêche	fumée	rame
caverne	île	voile
chapelle	lac	voilier

Retrouve les mots dans l'image
mais attention
il y en a un qui n'est pas dessiné.

(poupée)

Jean est très fier
de sa nouvelle bicyclette.

ancre	cycliste	parachute
araignée	fleuve	pédalo
bidon	gourde	péniche
blue-jean	guidon	pont
bonnet	lune	ruche
canal	lunette	sacoche
chien	nénuphar	selle

Retrouve les mots dans l'image
mais attention
il y en a un qui n'est pas dessiné.

(chien)

En rentrant chez grand-mère, nous passons devant le camping.

auto	enseigne	plongeur
bateau	football	raquette
but	fourmi	sac de couchage
camping	glissade	short
caravane	papillon	tennis
chemin	piscine	toboggan
coquelicot	plongeoir	vélo

Retrouve les mots dans l'image
mais attention
il y en a un qui n'est pas dessiné.

(bateau)

Agathe et Pierre
ont déjà choisi leurs déguisements.

armure	écuries	Petit Chaperon Rouge
buisson	gardien	pipe
cadran	girouette	pont-levis
château	képi	puits
chat	meurtrières	rempart
clocheton	paon	tour
donjon	parc	touristes

Retrouve les mots dans l'image
mais attention
il y en a un qui n'est pas dessiné.

Et demain matin nous irons tous à la fête du village.

arrosoir	fanfare	mari
barbe à papa	gendarme	mariage
bassin	grande roue	mariée
beignet	loup	naufrage
char	mairie	ogre
Chat Botté	majorettes	place
cinéma	manège	voile

Retrouve les mots dans l'image
mais attention
il y en a un qui n'est pas dessiné.

(arrosoir)

mes 200 mots

1 aigle
2 album
3 algue
4 alpiniste
5 ancre
6 araignée
7 arc-en-ciel
8 armoire
9 armure
10 auto
11 bain
12 balcon
13 barbe à papa
14 barque
15 barrage
16 bassin
17 beignet

18 berger
19 bibliothèque
20 biche
21 bidon
22 blé
23 blue-jean
24 bonnet
25 bouée
26 boussole
27 brebis
28 brouette
29 bûche
30 bûcheron
31 buisson
32 but
33 cabane
34 cabine

35 cadran
36 caméra
37 camping
38 canal
39 canard
40 canne à pêche
41 canot
42 caravane
43 cascade
44 casse-tête
45 caverne
46 cerf-volant
47 chalet
48 champ
49 chapelle
50 char
51 chasse-neige

3 8002 00479 3149

PRINTED IN BELGIUM BY
proost
INTERNATIONAL BOOK PRODUCTION